AF360973

Quelques Notes d'État Civil

Extrait du *Bulletin de la Société des Archives historiques de la Saintonge et de l'Aunis.*

Tiré à 50 exemplaires.

DOCUMENTS POUR SERVIR A L'HISTOIRE DE LA CÉRAMIQUE
DANS LE SUD-OUEST DE LA FRANCE

VIII

Quelques Notes d'Etat Civil

Pour servir à

L'Histoire des Faïenceries

de la Saintonge et de l'Aunis

PAR

Ernest LABADIE

Membre correspondant de la Société des Archives historiques
de la Saintonge.

LA ROCHELLE

IMPRIMERIE NOUVELLE NOEL TEXIER

29, rue des Sainte-Claire

—

1915

QUELQUES NOTES D'ÉTAT CIVIL

POUR SERVIR A L'HISTOIRE DES FAIENCERIES DE LA SAINTONGE
ET DE L'AUNIS

Les faïenceries du Sud-Ouest de la France ont été pendant
longtemps ignorées, leurs produits n'ayant pas attiré l'attention des collectionneurs qui ne recherchaient que les belles
faïences de Delft, de Nevers, de Rouen, de Strasbourg, de
Moustiers ou de Marseille, et qui dédaignaient nos faïences
régionales qui n'ont pas, il faut le reconnaitre, la valeur céramique de celles que nous venons de citer. D'un autre côté, ces
faïences n'ont généralement pas de marque, de sorte que leur
identification est très difficile, d'autant plus qu'elles ont comme
forme et comme décor de nombreux points de ressemblance et
qu'il est impossible à un collectionneur, qui n'en a pas fait une
étude spéciale, de les distinguer entre elles. C'est ainsi qu'on
peut très bien confondre les faïences de Bordeaux avec celles
de Samadet, de Montpellier et même de Nevers, à cause de
l'absence du rouge dans le décor polychrome remplacé habi-
tuellement par le violet manganèse ou le jaune orangé, et les
produits céramiques de l'Angoumois avec ceux de la Saintonge.
C'est pour ces raisons, qualité souvent médiocre et difficulté
de détermination, que les auteurs des gros ouvrages sur l'histoire de la céramique n'ont pas parlé des ateliers de la région
du Sud-Ouest de la France, entre La Rochelle et Toulouse, ou
n'en ont dit que quelques mots.

Et pourtant, si les faïences du Sud-Ouest n'ont pas la qualité
des produits de certaines grandes manufactures, elles sont,
elles et les ateliers dont elles sont sorties, très intéressantes à
étudier, parce qu'elles nous montrent l'importance considérable
qu'avait prise cette industrie dans cette partie de la France, au
dix-huitième siècle. On peut dire qu'à cette époque chaque
centre avait sa fabrique où venaient s'approvisionner les habi-
tants du pays, à la fabrique même ou dans les foires et marchés
où les fabricants envoyaient leurs produits.

Car, au dix-huitième siècle, la faïence domestique était
répandue dans toutes les classes de la société, la vaiselle d'ar-
gent et même d'étain avait été abandonnée comme beaucoup

trop dispendieuse, et riches bourgeois comme artisans avaient adopté la faïence, le paysan lui-même avait remplacé dans sa chaumière la vulgaire poterie par la faïence commune, et toute cette vaisselle, avec son décor en camaïeu bleu ou polychrome, avec ses fleurs, ses oiseaux, ses insectes, ses personnages, jetait une note gaie dans les salles à manger et sur le vaisselier de nos ancêtres.

Aussi, depuis quelque temps, avec le goût très répandu des vieilles faïences, les collectionneurs se sont-il mis à rechercher celles de nos ateliers du Sud-Ouest, et certaines pièces, qui n'auraient pas été payées quarante sous il y a une vingtaine d'années, se vendent de nos jours, chez les marchands antiquaires comme dans les ventes publiques, à des prix très élevés.

Pour ne citer que quelques prix atteints par les faïences bordelaises, que nous connaissons mieux que les autres, une assiette dite au papillon, qui ne valait autrefois que deux ou trois francs, est cotée aujourd'hui de vingt à trente francs ; les pièces du service fabriquées pour les chartreux de Bordeaux, par le faïencier bordelais Hustin, n'ont plus de prix : il y à quelques années encore, une assiette de ce service, avec l'inscription *Cartus. Burdig.* (*Cartusia Burdigalensis*, Chartreuse Bordelaise), (1) se vendait une trentaine de francs ; à la vente du Dʳ Baudrimont, faite à Bordeaux, après son décès, au printemps de l'année dernière, une assiette de ce service, en condition médiocre, a été adjugée 250 francs !

Les parisiens n'avaient jusqu'à présent que du dédain pour les faïences du Sud-Ouest, faïences du Midi, disaient-ils, et ils appelaient « ces machines-là » de la *terraille*. Eh bien ! à la vente de M. Henri Bordes, amateur bordelais, qui a eu lieu à Paris, à l'hôtel Drouot, en 1911, une assiette de Bordeaux, du service des Chartreux, au décor Louis XV, a été adjugée, à un marchand parisien, pour la somme de 550 francs, plus les frais de dix pour cent ! Nous avions payé la pareille 55 francs dans une vente publique à Bordeaux, il y a une quinzaine d'années.

---

(1) Dans les premières éditions de son ouvrage *Guide de l'amateur de faïences et porcelaines*, l'allemand Auguste Demmin, avait pris le Pirée pour un homme, et le mot *Cartus*, pour le nom d'un potier bordelais. C'est bien le moment de signaler ce beau résultat de la fameuse *Kultur* allemande.

Et on trouverait cette même hausse de prix pour les jolies faïences de Samadet, de Montpellier, de Montauban, ou de La Rochelle, et à la vente du Dr Baudrimont, dont nous venons de parler, des assiettes de Montpellier, à fond jaune, qui se vendaient autrefois une vingtaine de francs, ont été payées de 150 à 200 francs l'une !

En présence de ce nouvel engouement pour nos faïences du Sud-Ouest, quelques érudits se sont mis à faire des recherches sur les ateliers inconnus jusqu'à présent de cette région, et quelques bonnes études ont été publiées dans ces trente dernières années sur les manufactures de Bordeaux, de Montauban, de La Rochelle, d'Angoulême, etc. Nous donnons en note la liste des principales de ces publications. (1)

Nous même, nous nous occupons depuis longtemps de rechercher sur les faïences bordelaises des XVIIIe et XIXe siècles, et ces recherches dans les archives publiques nous ont fait découvrir de nombreux documents concernant les fabriques de Bordeaux, du Bordelais et de la région, qui étaient restées inconnues jusqu'à présent, comme celles de Libourne, de Bazas, de Sainte-Foy-la-Grande, de Sadirac, de Lignan, de Fronsac, de Lussac, de Podensac et d'autres fabriques du Périgord et de la Gascogne dont il n'avait jamais été question. Nous avons déjà publié tous ces documents, avec des notes, dans certains

---

(1) Ed. Forestié, *Les anciennes faïences de Montauban, Ardus, Nécrepeline, Auvilars*, Montauban, 1876, in-8°, pl. — Dr Azam, *Les anciennes faïences de Bordeaux*, Bordeaux, 1877, in-8°, pl. col. — Ris-Paquot, *Documents inédi s sur les faienceries charentaises*. Paris, 1878. in-8°, pl. col. — G. Musset, *les Faïenceries Rochelaises*, La Rochelle, 1888, in-4°, pl. col. — Ch. Dangibeaud, *Notes sur les potiers, faïenciers et verriers de la Saintonge*, Recueil de la Commission des Arts et monuments historiques de la Charente-Inférieure, t. VII (1884), *passim* — Picot, *La Faïence de Samadet*, Bull de la soc. des sciences et arts de Pau, t. XX (1890-1891), p. 387-392. — Dr Sorbets, *Faïences de Samadet (Landes)*, Bull. de la soc. Borda, Dax, t. XX (1896), p. 61-79. — Dr L. Sentex, *La faïencerie de Samadet (Landes), 1732-1840.* Dax, 1903, in-8°. — G. Sabatier, *Les anciennes faïences de l'Agenais, Moncaut, Laplume, Revue de l'Agenais*, 1897. — Calcat, *Faïencerie d'Auch, Revue de Gascogne*, 1898, p. 379-285. — E. Biais, *Notes sur les faïences d'Angoulême et de Cognac (XVIIIe-XIXe siècles)*. Réunion des sociétés des beaux-arts des départements, 1891, p. 283-306. — F. de Lacroix, *Les anciennes faïenceries de Cognac, Châteauneuf et Gardépée*. Cognac, s. d. (1904), in-8°.

périodiques (1), nous réservant de donner plus tard, en des
temps meilleurs, un travail plus complet sur les faïenceries
bordelaises, qui ont été au nombre de quinze dans les deux derniers siècles, alors qu'on n'en a encore cité qu'une seule, celle
de Hustin.

C'est pendant ces recherches que nous avons trouvé quelques
notes d'état civil sur quatre faïenciers saintais, qui peuvent
compléter celles que M. Dangibeaud a publiées sous le titre de
Notes sur les potiers, faïenciers et verriers de la Saintonge (2).

⁂

M. Dangibeaud nous a appris qu'un nommé Louis Sazerac,
qu'on suppose être le fils d'un Bernard Sazerac, fondeur à
Angoulême, et lui-même fondeur à Saintes, à la Bertonnière,
paroisse Saint-Eutrope, installa la première faïencerie sain-
taise, en 1731, dans le quartier des Roches.

Au sujet de Bernard Sazerac, M Émile Biais, archiviste de
la ville d'Angoulême et conservateur du musée archéologique
de cette ville, a publié des *Notes sur les faïences d'Angoulême
et de Cognac* (3), où il écrit qu'un Bernard Sazerac établit,
vers 1748, peut-être avant, la première faïencerie d'Angoulême
dans le faubourg de l'Houmeau, dans un local appartenant
aux Carmes. Il mourut en 1774, âgé d'environ soixante ans. Sa
veuve, Charlotte Clavaud, et son fils Louis, lui succédèrent

---

(1) *Lettres sur la céramique : Correspondance de Jacques Hustin, faïencier
bordelais (1715-1720)*. Bordeaux, 1904, in-8°. — *Le pharmacien bordelais
Marc-Hilaire Vilaris et la decouverte du premier gisement de kaolin en
France (1766-1768)*, Revue philomathique de Bordeaux, 1907. — *Notes et documents sur quelques faïenceries et porcelaineries de la Gascogne*, Revue de
Gascogne, 1907-1908. — *Notes et documents sur quelques anciennes faïenceries de l'Agenais et du Bazadais*, Revue de l'Agenais, 1908. — *Notes et documents sur quelques faïenceries du Périgord du XVIIIe siècle*, Bulletin
historique et archéologique du Périgord, 1908. — *Notes sur trois faïenceries
libournaises du XVIIIe siècle*, Archives historiques du département de la
Gironde, 1908. — *Notes et documents sur trois faïenceries du Bordelais
du XVIIIe siècle*, ibid., 1910. — *Un céramiste agenais à Bordeaux : Boudon
de Saint-Amans*, 1829-1837, en cours de publication dans la *Revue de l'Agenais*. Toutes ces publications ont eu ou auront des tirages à part. — *Les
porcelaines bordelaises, Notice sur une manufacture de porcelaine de Bordeaux, sous Louis XVI*. Bordeaux, 1913, in-8°, pl. col.

(2) — (3) Voir la note de la page précédente.

sous les raisons sociales de veuve Sazerac et fils, et de Louis Sazerac, jusqu'en 1799.

D'un autre côté, Ris-Paquot, dans ses *Documents inédits sur les faïences charentaises*, joli petit volume illustré en couleurs, avait déjà parlé de Louis Sazerac, et il avait écrit que c'était un moine sécularisé de l'ordre des Carmes et originaire du village des Roches, faubourg de Saintes, et qu'il avait établi la première faïencerie d'Angoulême, dans le faubourg de l'Houmeau. Cette faïencerie aurait existé jusqu'en 1878, après avoir fonctionné sous les directions successives de Sazerac dit Moulin, de Glaumont-Sazerac, de Durandeau et de sa veuve, et, enfin, de M. Thomas, dernier propriétaire.

M. Dangibeaud ajoute, pour ce qui concerne Louis Sazerac, le créateur de la première faïencerie de Saintes, en 1731, que, n'ayant aucune notion de fabrication céramique, il s'associa, par acte notarié passé à Bordeaux la même année, avec un nommé Jacques Croizat ou Crouzat, faïencier, habitant le bourg — pour faubourg — et paroisse Saint-Seurin-lès-Bordeaux. En 1733, les deux associés se séparèrent : Sazerac resta seul, et Crouzat créa une autre faïencerie à Saintes, aux Roches, à côté de celle de Sazerac. Le fils de Crouzat, Pierre, construira, à son tour, une autre fabrique à Saintes, au faubourg Saint-Pallais, au bout du pont, sur le terrain occupé aujourd'hui par l'abattoir, fabrique qui sera continuée par son fils Paul jusqu'en 1813.

Quant à la faïencerie de Louis Sazerac, elle fut affermée, après sa mort, par son fils, à Claude Dury, peintre, originaire de Nevers, et eut une longue existence jusqu'à nos jours, continuée d'abord, après sa mort, survenue en 1772, par son gendre, Louis Rougé, fils de Louis Rougé, marchand faïencier à Bordeaux, et dont le frère, Jean-François, était marchand de faïences à Saintes ; tous deux seraient arrivés dans cette ville vers 1764.

Jacques Crouzat, l'associé de Louis Sazerac, ainsi que Louis Rougé, et son frère Jean-François, tous deux gendres de Claude Dury, nous sont parfaitement connus ; grâce à nos recherches sur la faïencerie bordelaise, nous avons pu établir leur état civil.

*
* *

Jacques Crouzat n'était pas né à Cadillac-sur-Garonne, comme l'a cru M. Dangibeaud, et cela est très heureux pour ses descendants, car Cadillac est le Charenton des Bordelais. Il avait vu le jour à Montpellier, vers 1680, — nous n'avons pu avoir son acte de baptême, — et il était fils de Jean Crouzat, faïencier à Montpellier, et de Françoise Clergue. Il vint à Bordeaux, vers 1714, travailler dans la grande manufacture de faïence que Jacques Hustin venait d'établir dans cette ville, dans le faubourg Saint-Seurin.

Jacques Hustin, en créant sa manufacture, avait fait venir ses principaux ouvriers de Nevers et de Montpellier. Les ateliers de Nevers, le grand centre céramique de cette époque, sont parfaitement connus, grâce au beau livre que Du Broc de Segange (1) leur a consacré ; mais ceux de Montpellier le sont beaucoup moins, car on n'a encore rien écrit sur la faïencerie de cette ville. M. Thomas-Piétri, un amateur montpellierain très éclairé, s'était livré à de longues recherches sur les origines de la faïencerie de Montpellier, et avait recueilli de nombreux documents, lorsque la mort vint le surprendre, il y a quelques années, avant d'avoir pu en tirer partie, mais nous savons que ses notes sont en de bonnes mains et qu'elles verront le jour. M. Thomas-Piétri avait pu établir déjà, d'une manière certaine, que la manufacture Olivier, la première établie dans cette ville et sur laquelle on n'a que peu de renseignements, remontait au moins à 1650.

Par conséquent, lorsque Jacques Hustin fait construire sa manufacture à Bordeaux, en 1712-1714, l'atelier de Montpellier existait depuis plus de soixante ans, des ouvriers habiles s'y était formés, et on comprend que Hustin s'y soit adressé pour se procurer des ouvriers.

Jacques Crouzat se maria à Bordeaux, le 20 novembre 1714, en l'église Saint-Seurin, avec Françoise Expert, et son principal témoin était Jean-Baptiste Clérissy, faïencier, son beau-frère (2).

Pour tous ceux qui s'occupent un peu de faïences, ce nom de

---

(1) *La Faïence, les Faïenciers et les Émailleurs de Nevers*, 1863, gr. in-8°, pl. col.

(2) Registre de la paroisse Saint-Seurin. Tous les actes religieux qui nous ont servi à établir l'état-civil des faïenciers dont nous allons parler ont été relevés dans les registres paroissiaux de l'église Saint-Seurin de Bordeaux, la paroisse des principales faïenceries de cette ville au dix-huitième siècle, registres conservés aux archives municipales et au greffe du tribunal civil.

Clérissy est bien connu ; il est célèbre dans l'histoire de la céramique. C'est Pierre Ier Clérissy qui avait créé, au dix-septième siècle, la grande faïencerie de Moustiers. Un de ses fils, Joseph, alla diriger l'atelier de Saint-Jean-du-Désert, à Marseille (1), et un des fils de ce dernier, Jean-Baptiste, le témoin au mariage de Jacques Crouzat, né à Marseille en 1681, vint à Montpellier dans l'atelier d'Olivier, et il se maria dans cette ville, en 1701, avec Catherine Crouzat, sœur de Jacques Crouzat. Il mourut à Bordeaux vers 1725.

Jean-Baptiste Clérissy était venu à Bordeaux de Montpellier avec son fils Claude, né dans cette dernière ville en 1707. Il était peintre en faïence. Il travailla dans la manufacture de Hustin pendant plus de cinquante ans, et, à la fin de sa vie, il essaya de diriger une faïencerie à Bordeaux qui ne réussit pas. M. l'abbé Requin, dans son *Histoire des Faïences de Moustiers* (2), n'a pas connu les Clérissy de Bordeaux, et les détails biographiques que nous donnons ici sur eux sont absolument inédits.

Jacques Crouzat eut de sa femme Françoise Expert, huit enfants, tous baptisés à Bordeaux, en l'église Saint-Seurin, le dernier, Jacques, le 3 septembre 1730, et, à partir de ce moment, nous perdons sa trace à Bordeaux, mais comme nous l'a appris M. Dangibeaud, le 8 juin 1721, il s'associe, par acte notarié passé dans cette ville (3), avec Louis Sazerac, faïencier à Saintes, quitte Bordeaux et va s'établir dans la capitale de la Saintonge.

Comme on l'a vu, un des enfants de Jacques Crouzat, venu probablement avec lui à Saintes, y créa une autre faïencerie dans le faubourg Saint-Pallais. Jacques Crouzat eut à Bordeaux deux fils du nom de Pierre, le premier né le 12 novembre 1715, et le second le 26 novembre 1723. Nous n'avons trouvé le décès d'aucun des deux et, par conséquent, nous ne pouvons dire quel est celui qui est allé à Saintes ; mais ce qu'il y a de sûr,

---

(1) Voir sur les faïenceries de Marseille : Abbé G. Arnaud d'Agnel, *La Faïence et la Porcelaine de Marseille*, Marseille, s. d. (1913), gr. in-8° de XV-534 p., pl. en noir et col.

(2) *Histoire de la Faïence artistique de Moustiers*, t. Ier. Paris, 1903, gr. in-8°, XVI-304 p., pl. en noir et col.

(3) Acte de Treyssac. Arch. dép. de la Gironde.

c'est que le Pierre Crouzat, le fondateur de la faïencerie du faubourg Saint-Pallais, était né à Bordeaux.

⁂

Les Rougé, qui sont devenus les gendres du faïencier de Saintes, Claude Dury, successeur de Louis Sazerac, appartenaient, comme les Crouzat, à une famille de faïenciers bordelais, originaires de Montpellier.

La première fois qu'on rencontre le nom d'un Rougé à Bordeaux, c'est en 1737. Le 10 juillet de cette année, un Louis Rougé fait baptiser un fils, Louis, en l'église Saint-Seurin ; il est qualifié « fayancier ». Louis Rougé était né à Montpellier, en 1701, fils de Jean Rougé « travailleur », et de Marguerite Olivier (1). Cette dernière était la fille du directeur de la grande faïencerie Olivier de cette ville, dont nous avons parlé ; par conséquent, les Rougé, comme les Crouzat et les Clérissy, avaient travaillé dans cette manufacture avant de venir à Bordeaux.

Louis Rougé se maria à Montpellier, vers 1730, avec Madeleine-Rose Montrosier ; le 23 décembre 1731, il fait baptiser un fils, Jean-Louis, en l'église Saint-Pierre de cette ville (2), et le 10 juillet 1737, un autre fils, Louis, à Bordeaux, en l'église Saint-Seurin. C'est donc entre ces deux dates, 1731 et 1737, qu'il vint travailler à Bordeaux dans la faïencerie Hustin, la seule qui existât à cette époque dans cette ville, et il y rejoignit ses deux concitoyens, Clérissy et Crouzat. Il était tourneur en faïence.

Lorsque Jacques Hustin créa la fabrique à Bordeaux, en 1712-1714, il obtint un privilège pour la fabrication de la faïence dans un rayon de dix lieues autour de la ville, c'est-à-dire que personne ne pouvait établir un autre atelier sur ce territoire ainsi limité. Ce privilège était octroyé pour une durée de quinze années ; il fut renouvelé deux fois, à lui et à son fils, son successeur, et n'arriva en expiration qu'en 1762. Dès lors, la fabrication de la faïence devint libre en Guyenne, et plusieurs ouvriers de cet établissement allèrent installer d'autres

---

(1) Reg. par. de l'église Saint-Pierre de Montpellier. Arch. mun. de cette ville.

(2) *Ibid., ibid.*

ateliers à Bordeaux et dans la région bordelaise. C'est alors, en 1767, que Louis Rougé fit construire une petite faïencerie dans le quartier Saint-Nicolas, à Bordeaux, faïencerie qui fonctionna jusqu'en 1786.

Louis Rougé avait eu, comme nous l'avons dit, un premier enfant à Montpellier, Jean-Louis, né en cette ville en 1731. Celui-ci travailla d'abord, avec son père, à la manufacture Hustin, puis chez ce dernier, à l'atelier de Saint-Nicolas, et, en 1776, il fonda lui-même un établissement céramique à Bordeaux, sur le chemin du Médoc, devenu la rue Fondaudège.

Louis Rougé eut encore d'autres enfants, notamment deux fils, Jean, appelé plus tard Jean-François, né le 25 février 1740, et Louis, né le 17 août 1743. Ce sont ces deux fils de Louis Rougé qui sont allés à Saintes, vers 1765, et, d'après M. Dangibeaud, y ont épousé, en 1770, les filles du faïencier Claude Dury, successeur de Louis Sazerac. Le premier, Jean-François, s'établit à Saintes comme marchand de faïences, et le second, Louis, succéda, en 1781, avec André Her, à la veuve Dury, sa belle-mère, chez laquelle il était ouvrier probablement. La faïencerie Sazerac resta entre les mains des descendants de Rougé jusque vers 1840. Ces derniers renseignements nous sont encore fournis par M. Dangibeaud, et nous avons été obligé de les rappeler ici, ceux-là et les autres pris chez le même auteur, afin de les faire coincider avec nos notes d'état civil.

Dans l'étude de M. Dangibeaud, nous trouvons un troisième ouvrier faïencier qui, de Bordeaux alla s'établir à Saintes. C'est un nommé François Collondre avec lequel Claude Viard, l'associé de Claude Dury, le directeur de l'atelier Sazérac, créa une autre faïencerie à Saintes, dans le quartier des Roches.

Il y eut à Bordeaux, vers 1714, à la manufacture Hustin, un Jean Collondre « tourneur en fayance » dont nous ignorons l'origine. Il est plus que probable que le François Collondre, de Saintes, était son fils et qu'il était né à Bordeaux, mais nous n'avons pu trouver son acte de baptème. François Collondre dut faire son apprentissage dans la grande manufacture bordelaise avant d'aller à Saintes.

Dans ses *Notes sur les potiers, faïenciers et verriers de la Sain-*

tonge, M. Dangibeaud nous fait connaitre des ateliers établis
en dehors de la ville de Saintes, et nous lisons qu'à Courbiac
une fabrique fut fondée, en 1845, par un nommé Villard, avec
le concours d'un Anglais du nom de Jones. Cette fabrique fut
dirigée ensuite par Jones seul, puis par Gaston de Latour et
Gaston Prévot jusqu'en 1888.

L'Anglais Jones venait, lui aussi, de Bordeaux. Il y avait été
amené d'Angleterre, en 1829, par de Saint Amans, le céramiste
agenais bien connu, lorsqu'il créa, dans un des faubourgs de
cette ville, une manufacture de faïence fine à la façon anglaise.

Pierre-Honoré Boudon de Saint-Amans était né à Agen, le
9 mai 1774 ; il était fils du célèbre naturaliste et archéologue
Jean-Florimond Boudon de Saint-Amans. Toute sa vie il
s'occupa de procédés céramiques. Dans sa jeunesse, il fit plusieurs voyages en Angleterre pour y étudier la fabrication de
ces faïences, déjà très répandues chez nos voisins d'Outre-
Manche, au milieu du dix-huitième siècle, et qui, importées en
France quelques années avant la Révolution, grâce à certain
traité de commerce très avantageux pour les faïenciers anglais,
mais ruineux pour l'industrie céramique française, eurent
une très grande vogue, dans notre pays, pendant la première
moitié du dix-neuvième siècle. Plusieurs manufactures furent
établies en France à cette époque, à Toulouse, à Creil, à
Choisy-le-Roy, à Montereau et ailleurs encore. De retour en
France, de Saint-Amans y fit des essais de fabrication d'abord
à Sèvres, puis dans quelques-uns des ateliers que nous venons
de citer, mais partout il échoua, et il se brouilla et eut des pro-
cès avec les directeurs de ces manufactures.

A Bordeaux, il fut créé, en 1829, sous sa direction et d'après
ses procédés, une fabrique de faïence fine dans la palu de
Bacalan, à l'extrémité septentrionale de cette ville, au bord de
la Garonne, avec les capitaux de deux négociants bordelais,
MM. Lahens et Rateau, et sur la propriété de Fourguerolles,
appartenant à ce dernier. Cette faïencerie fut installée sur un
assez grand pied ; de Saint-Amans la dirigea pendant trois ans
et y fabriqua de la faïence fine à la mode anglaise, d'après ses
procédés ; mais il eut, là encore, des difficultés avec ses associés et s'en sépara. Il eut ensuite la bonne fortune de rencon-
trer un autre riche négociant bordelais, David Johnston, et
put alors monter une importante manufacture de faïences

anglaises à Bordeaux, dans le quartier de Bacalan, qui n'éteignit ses jours qu'en 1895, après plus de soixante années de prospérité.

Nous avons en ce moment en cours de publication, dans la *Revue de l'Agenais*, une étude intitulée : *Un céramiste agenais à Bordeaux, Pierre-Honoré Boudon de Saint-Amans,* dans laquelle nous expliquons le rôle important qu'a joué cet habile céramiste dans la création des manufactures bordelaises de Lahens et Rateau et de David Johnston.

Lorsqu'il établit la première faïencerie bordelaise de Lahens et Rateau, en 1829, de Saint-Amans fit venir plusieurs ouvriers de certains ateliers français et anglais, et notamment Georges Holland Jones. Celui-ci, après avoir travaillé avec Saint-Amans à la faïencerie de Lahens et Rateau, le suivit chez David Johnston, dont la manufacture date de 1835. En 1844, nous le trouvons établi à Bordeaux, dans la rue Paulin ; cette année-là, il envoie des vitraux peints à l'exposition de la Société philomathique de cette ville. M. Dangibeaud nous a fait savoir qu'en 1854 il arrive à Courbiac, et que, là, il s'associe avec un nommé Villard pour la création d'une faïencerie. Nous le retrouvons dix ans plus tard à Bordeaux, en 1855 ; il avait dans la rue de la Franchise, en face de la rue Colbert, une petite porcelainerie qui n'eut qu'une durée éphémère. A partir de ce moment, nous perdons sa trace ; il retourna peut être en Angleterre. C'est tout ce que nous savons sur ce céramiste anglais.

D'après M. Dangibeaud, on aurait fabriqué à Courbiac de « la poterie blanche décorée en couleurs. » Il est probable que cette poterie était de la faïence fine, comme on en avait fabriqué à Bordeaux chez Lahens et Rateau et chez Johnston. On peut supposer que Jones avait apporté à Courbiac les procédés qu'il avait vu appliquer dans ces deux ateliers bordelais, et alors ce serait lui qui aurait été l'introducteur de la fabrication de la faïence fine en Saintonge : à ce titre, c'est un personnage intéressant pour l'histoire de la céramique de ce pays.

On sait que la faïence fine, appelée par les Anglais *earthen ware* (produit de terre), ou *stone ware* (produit de pierre), et en France, très improprement, faïence fine, terre de pipe, demi-porcelaine et d'autres noms encore, n'est ni de la faïence véritable, faïence à émail stannifère, ni de la porcelaine. La pâte se compose le plus souvent d'argile blanche et de silex broyé, avec, parfois, un peu de kaolin, et le vernis ou glaçure, qui n'est pas de l'émail à proprement parler, est de composition très variable, alcalin ou feldopathique, ou encore à base d'oxyde de plomb et, par conséquent, vitreux. Le décor ne pouvant être que très superficiel sur cette couverte tendre qui ne se prêtait pas à la vitrification au grand feu, les Anglais, et les Français après eux, adoptèrent le décor par impression.

En somme, ce produit est très médiocre au point de vue de l'usage domestique, son vernis se raye sous le couteau, le décor s'efface rapidement, et c'est pour cela qu'on l'a abandonné pour revenir à l'ancienne faïence d'abord et, ensuite, à la porcelaine qui, fabriquée maintenant à des prix très abordables, est la véritable vaisselle pratique de ménage. Mais les belles pièces décoratives de faïence anglaise exécutées au dix-huitième siècle, comme celles sorties des fours de Wedgwood ou d'autres ateliers du comté de Stafford, les faïences couleur crème, *cream couloured ware*, ou à fond bleu clair, avec ornements en relief, sont des chefs-d'œuvre de céramique, et on peut en voir des spécimens remarquables à Paris, au Musée des arts décoratifs, et, à Londres, au Musée de Kensington, ou à celui de Victoria et Albert.

⁂

Ce n'est pas seulement en Saintonge que des faïenciers bordelais allèrent se fixer, mais dans l'Aunis, les premières faïenceries des deux villes de cette ancienne province, à La Rochelle et à Marans, ont été créées par des ouvriers venus de Bordeaux.

Dans son beau livre *Les Faïenceries Rochelaises*, M. Georges Musset a pu établir que la première faïencerie de La Rochelle, montée en 1722 dans le quartier de la Digue, avait eu pour fondateur un nommé Catarnet, faïencerie qui n'eut qu'une année d'existence. Et M. Musset ajoute : « Il ne nous serait pas indifférent de savoir d'où venait Catarnet, qualifié maître faïencier et rochelais, bien que ce nom nous paraisse étranger à notre région. »

Catarnet, après avoir échoué à la Digue, alla faire des propositions aux administrateurs de l'Hôpital général de construire un atelier céramique dans cet établissement, et la faïencerie était sur le point d'être installée, lorsqu'il mourut en février 1722.

Nous avons rencontré à Bordeaux, de 1714 à 1717, à la manufacture Hustin, un Joseph Catarnet, qualifié simplement « fayan-

cier ». Nous avons relevé son nom sur les registres paroissiaux
de Saint-Sernin où il est parrain d'un enfant de J.-B. de Londres, ouvrier comme lui à cette faïencerie. Nous ignorons d'où
venait cet artisan, et après 1717 nous ne le trouvons plus à
Bordeaux. Ce doit être lui qui s'est rendu en 1721 à La Rochelle
pour établir la faïencerie de la Digue, sans succès, et ensuite
celle de l'Hôpital.

A Marans, c'est aussi un bordelais, parait-il, Pierre Roussenq, qui fut le fondateur, vers 1740, de la première faïencerie
de cette ville ; c'est ce que nous a appris Ris-Paquot dans ses
Documents inédits sur les Faïences charentaises (1878), et
après lui, M. Georges Musset, dans son ouvrage sur les *Faïenceries Rochelaises*, mais ces deux auteurs ne nous disent pas
comment ils ont pu établir son origine bordelaise. Pour ce qui
nous concerne, nous n'avons rien trouvé sur ce personnage
dans les registres paroissiaux de Bordeaux ou autres documents d'archives. D'après Ris-Paquot, Pierre Roussenq serait
mort en 1756.

⁂

Ces notes d'état civil établissent bien que les quatre faïenciers qu'elles concernent étaient venus de Bordeaux à Saintes.
Elles sont extraites d'un travail important que nous préparons
depuis longtemps sur les faïenceries bordelaises des dix-huitième et dix-neuvième siècles ; elles sont inédites et nous som-
mes heureux de pouvoir en offrir la primeur à la *Revue de
Saintonge*; elles pourront être utiles à l'érudit qui voudra
reprendre les très intéressantes notices de M. Dangibeaud et
nous donner une histoire des faïenceries saintongeaises.

Nous avons fait ressortir, au début de cet article, que
l'identification des faïences du Sud-Ouest était très difficile, à
cause d'abord de l'absence de marque et aussi de plusieurs
points de ressemblance qui existent entre elles, comme les
formes un peu lourdes, le dessin et le coloris du décor. Nous
avons déjà indiqué, dans nos publications sur la céramique, le
moyen par lequel on pourrait, avec le temps, arriver à déter-
miner tous ces produits si intéressants de nos ateliers régio-
naux. Ce serait que les conservateurs des musées des villes où il
y a eu des faïenceries, voulussent bien réserver une petite place
à quelques spécimens de cette céramique locale, et un autre
panneau aux pièces sur l'origine desquelles ils auraient quel-

que doute et que les amateurs qui visitent ces musées pourraient identifier.

Nous avons même obtenu, au Congrès des Sociétés savantes du Sud-Ouest, tenu à Pau en 1908, de faire adopter un vœu à ce sujet, dans une communication que nous avons faite sur *Les anciennes faïences du Sud-Ouest et les Musées de la région* (1), et comme les vœux exprimés dans les Congrès restent généralement à l'état platonique, nous allons profiter de la publicité de la *Revue de Saintonge*, qui aura plus d'effet qu'une simple lecture devant une vingtaine de congressistes plus ou moins attentifs, pour renouveler ici le vœu que nous avons émis au Congrès de Pau :

« Les congressistes présents émettent le vœu que, dans chaque musée de notre région, il soit formé une collection de faïences anciennes de fabrication locale, et qu'on classe à part, pour les signaler à l'attention des touristes et des amateurs, les pièces d'origine incertaine, en vue d'en hâter l'identification. »

Bordeaux, mai 1915.

---

(1) Voir *Bulletin de la Société des sciences et arts de Pau*, 2e série, t. XXXVI (1908).